程琳◎著
布谷童书◎绘

故宫博物院

博物馆里的中国

山西出版传媒集团
三晋出版社

故宫博物院 一座特殊的博物馆 **02**	与尔同销万古愁 亚醜方尊 **04**	不能敲的"鼓" 石鼓 **08**	屋檐"守护者" "汉并天下"瓦当 **12**
遗世墨宝 《平复帖》 **16**	这幅图卷有点"牛" 《五牛图》 **20**	宋时青绿 《千里江山图》 **24**	汴京风俗长卷 《清明上河图》 **28**
仿古玉器的瑰宝 玉云龙纹炉 **32**	"丝"情画意 沈子蕃缂丝《梅鹊图》轴 **36**	雕漆之美 "张成造"剔犀云纹盘 **40**	珐琅之宝 掐丝珐琅缠枝莲纹象耳炉 **44**
清宫里的钟声 黑漆彩绘楼阁群仙祝寿钟 **48**	玉器里的"巨无霸" 青玉大禹治水图山子 **52**	瓷上绝色 郎窑红釉穿带直口瓶 **56**	充满"仪式感"的杯子 清乾隆金瓯永固杯 **60**

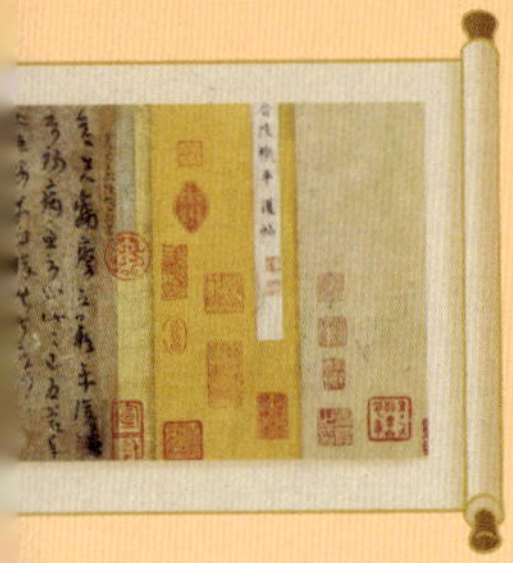

参观须知

关于开放时间

　　每周二至周日开放参观，周一全天闭馆整修（国家法定节假日除外），淡、旺季的开放时间有所不同。每年4月1日至10月31日，采用旺季开放时间，即8:30为开馆时间，16:00为停止入馆时间，17:00为闭馆时间；每年11月1日至次年3月31日为淡季，入馆时间不变，但停止入馆与闭馆时间都要提前30分钟。

关于参观路线

　　故宫实行自南向北的单向参观路线：午门（南门）只作为参观入口，观众一律从午门进入故宫；神武门（北门）只作为参观出口，观众参观结束后可由神武门或东华门（东门）离开。

关于文明游览

　　故宫内全范围禁止吸烟，切勿攀爬古建筑、假山石、古树名木，更不能触摸、刻画、涂污文物和展品。

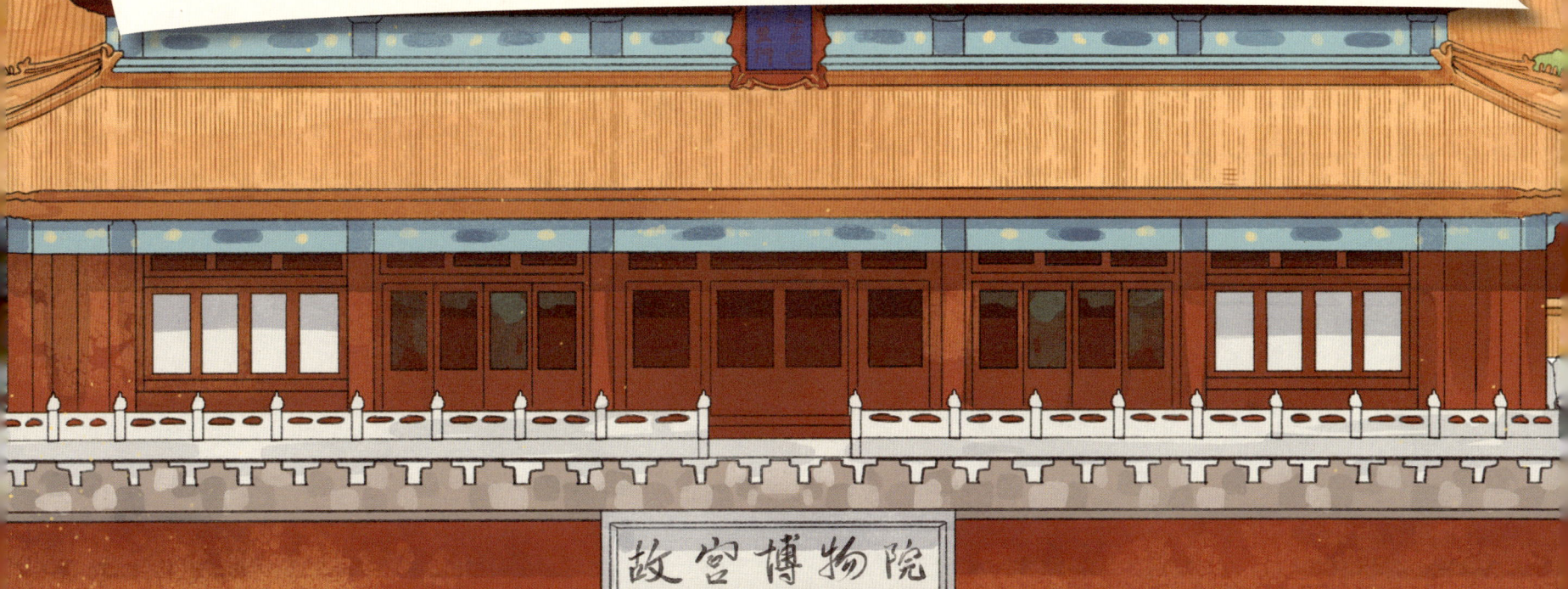

故宫博物院

故宫博物院
一座特殊的博物馆

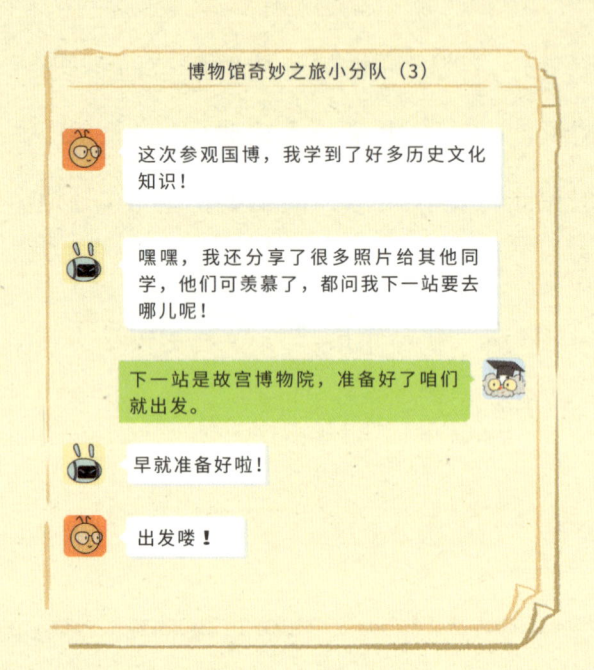

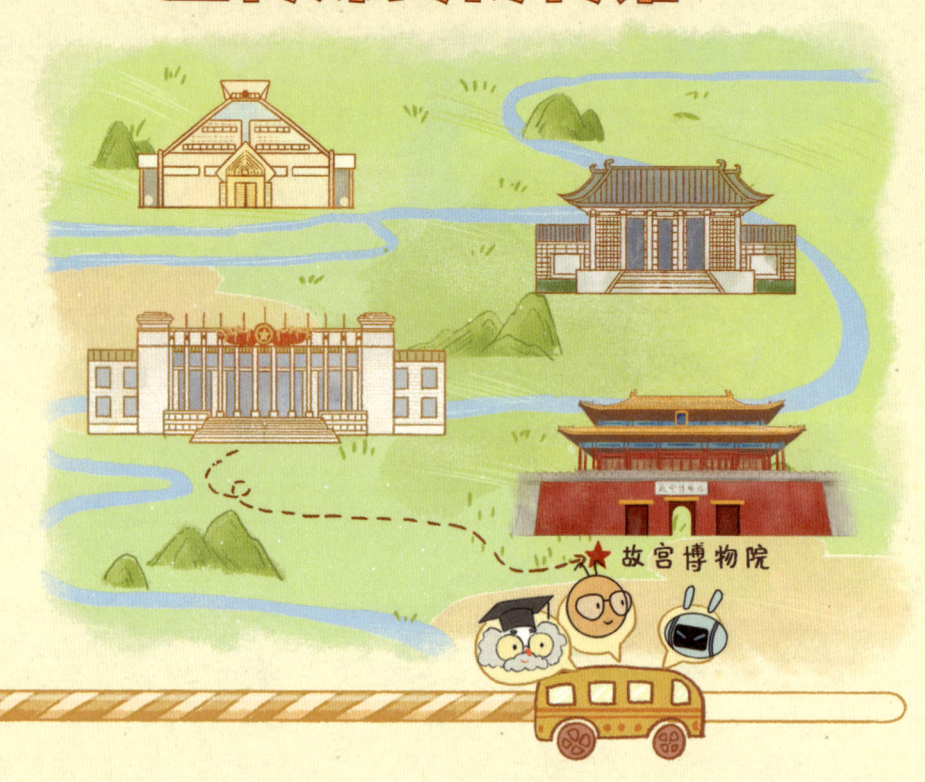

博物馆奇妙之旅小分队（3）

- 这次参观国博，我学到了好多历史文化知识！
- 嘿嘿，我还分享了很多照片给其他同学，他们可羡慕了，都问我下一站要去哪儿呢！
- 下一站是故宫博物院，准备好了咱们就出发。
- 早就准备好啦！
- 出发喽！

博物馆档案

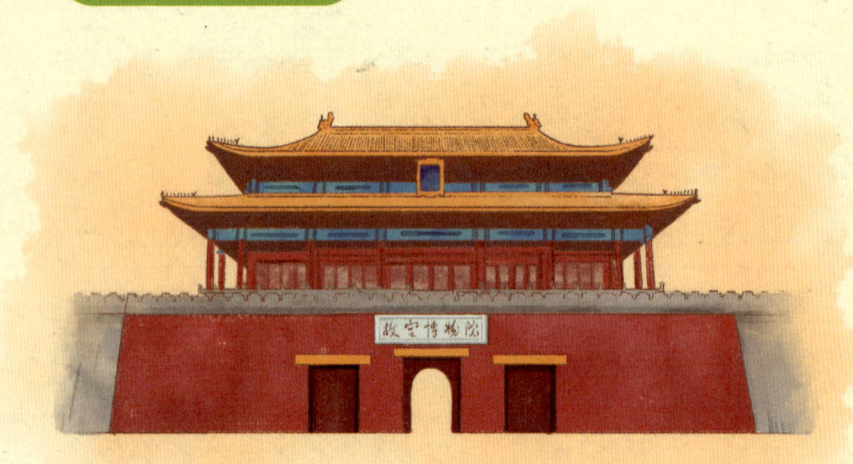

馆　　名：故宫博物院

地　　点：北京市东城区景山前街4号

馆区占地：100余万平方米

馆藏精品：清明上河图、平复帖等

荣誉榜：国家一级博物馆、国家5A级旅游景区、全国爱国主义教育示范基地、全国未成年人思想道德建设工作先进单位

简　　介：成立于1925年的故宫博物院，是在明、清两代皇宫及其收藏的基础上建立起来的综合性博物馆，也是中国最大的古代文化艺术博物馆，其文物收藏主要来源于清代宫中旧藏，现有藏品总量已达180余万件（套），共分为25个大类别，其中一级藏品8000余件（套），堪称艺术宝库。

最大的"镇馆之宝"

每座博物馆都有镇馆之宝。如果要问,故宫博物院最大的"镇馆之宝"是什么?那么无疑是建筑群本身了。

故宫,旧称紫禁城,位于北京中轴线的中心,由明朝皇帝朱棣在公元 1406 年下令修建,到 1420 年建成。它既是明、清两代的皇家宫殿,也是世界上现存规模最大、保存最完整的木质结构古建筑之一,被誉为"世界五大宫之首"。

紫禁城南北长 961 米,东西宽 753 米,四面围有高 10 米的城墙,城外有宽 52 米的护城河,真可谓有金城汤池之固。此城有四座城门,南名午门,北称神武门,左、右为东华门、西华门。其建筑设计的匠心、匠意,都隐含在了重重宫阙之中。从南面的午门进入,你会见识到用于举行大典的庄严雄伟的"三大殿",也可以参观皇帝和皇后居住的华丽典雅的"后三宫",还能游览布局巧妙的皇家御花园……沿着中轴线的每一步,都能令人感受到历史文化的脉搏正于这座建筑中生生不息地跳动着。

互动小问答
你知道"世界五大宫"除了北京故宫外,还有哪四座宫殿吗?

答案: 法国凡尔赛宫、英国白金汉宫、美国白宫、俄罗斯克里姆林宫。

馆藏丰富

从紫禁城落成到清朝末代皇帝溥仪被逐出宫禁,这座城中生活、居住过 24 位皇帝,留下了许多皇室旧藏与宫廷史迹。

因此,故宫博物院是一座极为特殊的博物院。它不仅以博物馆之名收藏着明、清皇室的珍宝,还以两朝皇宫的身份见证了鲜活的明、清宫廷历史。

这使故宫在展览上拥有着独一无二的资源优势,既能结合宫殿建筑进行原状陈列,又能设立多个专馆,还能举办近期展览与赴外展览。

这座历经 600 多年岁月沉浮的帝王宫殿,已经向我们敞开了朱门……

与尔同销万古愁

亚醜方尊

国宝档案

高 45.5 厘米

亚醜方尊

材质：青铜
所属年代：商代
现藏于：故宫博物院

国宝小档案

这件亚醜（xù）方尊与四羊方尊一样，应是酒器中的礼器。它方形的口沿向外敞开，挺着鼓鼓的腹部，足部外撇。器身上以雷纹为地纹，另饰夔纹和兽面纹。这方尊其实是有一对儿的，除了收藏于故宫博物院的这件之外，另一件藏于台北故宫博物院。

小贴士

地纹，指的是烘托在主体纹饰四周的细小纹饰。在视觉效果上就好像铺了一层地毯，主体纹饰在地纹之上。

商代晚期的青铜审美

作为商晚期的青铜器，亚醜方尊在扉棱、兽首等装饰手法上都体现出了较高的艺术水平。

这方尊上的兽首好可爱呀！

象鼻子也很逼真！

你瞧，方尊肩部四角的大象脑袋，长鼻弯曲着高举起来，像是要勾住什么似的，长长的象牙露在外边，神态特别生动！

象首的中间还夹着一个看起来好像在噘着嘴的兽头装饰。最有趣的是，兽角长得居然很像花瓣。

方尊腹、足部的扉棱线条流畅。

扉棱，是一种常见的青铜器装饰，一般为凸出的条状。最初，它的作用是将器物上连续的图案分割开来，后来就发展成为单纯的器物装饰。

在纹饰上，商晚期则趋于繁缛，形成了地纹和主纹相重叠的多层花纹。

这种由方折回旋形线条互相勾连构成的几何图案就是雷纹了。

这件雷纹四足方鼎的腹部四面均饰雷纹和竖棱纹，雷纹就围绕在竖棱纹周围作地纹。

大族族器

我们都知道，青铜器的材料贵重，不是一般人能使用的。那么这件块头不小的亚䰜方尊又是属于谁的呢？这个答案就藏在器口内侧的铭文里。

这句铭文的大意是：亚䰜族祭祀诸位王后和太子的宝器。普通部族不会有资格为王后、太子这样身份尊贵的人打造礼器，再加上带有亚䰜铭记的器物众多，说明亚䰜可能是当时的一个大族。

传世的亚䰜器有约50件，器形不一。这件同样收藏于故宫的亚䰜方罍(léi)就是其中之一，器物上也带有大意相同的铭文，代表其是为历代王后与太子所作。

罍，是古代的一种盛酒器，形制大体分为圆形罍和方形罍。现在公认的"方罍之王"是商代的皿方罍。通高88厘米，口长26.1厘米，口宽21.6厘米。

这些青铜酒器，你都认识吗？

商人爱酒，贵族尤甚。青铜酒器也随着酒文化的兴盛而发展起来，类型多样，制作精美。

尊和罍我们都见过了，不妨再来认识几样吧！

爵

饮酒器。爵前一般有流，即用来饮酒的流槽，流侧有柱，杯后有尾，一侧有称为"鋬（pàn）"的提手，腹下有三足支撑。

〔父戊舟爵〕

觚

觚（gū），一种长得有点儿像喇叭的饮酒器。

〔受觚〕

觯

觯（zhì），盛酒器，有的带有盖子，流行于商朝晚期和西周早期。

〔蝉纹觯（无盖）〕

〔山妇觯（有盖）〕

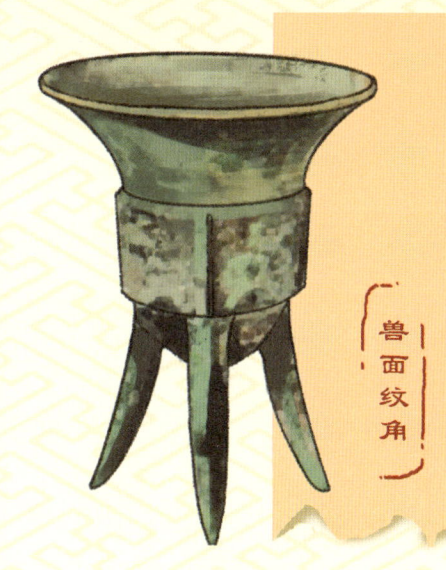

角

角是饮酒器，常与爵、觚等组合使用。据《礼记·礼器》载："宗庙之祭，尊者举觯，卑者举角。"也就是说，在祭祀礼仪中，地位尊贵的人用觯，地位较低的则用角。

[兽面纹角]

> 我明白了！这就和天子用九鼎一样，也是藏礼于器的表现。

> 很棒哦，能举一反三了！

尊彝

尊和彝都是古代酒器，二者连用既是各类酒器的统称，也是青铜器中所有祭祀礼器的**共名**。

彝

彝是盛酒器，整体呈方形或者长方形，有盖子，腹部或曲或直，腹下为圈足，盛行于商代。

[方彝]

不能敲的"鼓" 石鼓

国宝档案

高约 90 厘米
直径约 60 厘米

石鼓-吾车

石鼓

材质：花岗岩
所属年代：战国
现藏于：故宫博物院

国宝小档案

你见过不能敲的"鼓"吗？故宫里就收藏着这样10个石墩子。它们高低、大小不等，因长得像鼓，被称为"石鼓"。但石鼓并非乐器，而更近似石碑。目前学界主流观点认为，这10个石鼓是战国时期秦国的遗物。

石鼓去哪儿了

这10面石鼓原在古代的陈仓，后来历经数朝都散落在民间，无人知晓。直到唐初时，才被人在陕西天兴三畤（zhì）原意外发现。

"唐宋八大家"之一的韩愈曾谏言将这些石鼓移到太学府护藏，但没被采纳。

小贴士

唐宋八大家，是唐、宋两代八位散文家的合称，即唐代柳宗元、韩愈和宋代欧阳修、苏洵、苏轼、苏辙、王安石、曾巩。

后来，石鼓在五代的乱世中失了踪迹。著名史学家司马光的父亲司马池多方探查寻找，却只找回了 9 面，少了 1 面"作原"石鼓。

1052 年，收藏家向传师找到"作原"石鼓时，它的上部已被削去，还被用来捣米、磨刀。虽然损毁严重，但好歹 10 面石鼓终于聚首。最后被宋徽宗收入禁中，置于保和殿旁的稽古阁。

可惜，随着金人破宋，石鼓在战祸中又遭到磨损、遗弃……

直到元代虞集将石鼓再次集齐，迁至文庙，石鼓才结束了总是遗散的命运。

古老的石鼓文

在漫长的朝代更迭中，石鼓屡次遭弃丢失，又总会被古代的有识之士们寻回。那么，这10面石鼓到底有什么特别之处，值得他们如此费心呢？

石鼓的价值，其实体现在石鼓所刻的文字上。因其刻石似鼓而被称为"石鼓文"。

石鼓文是我国目前发现的最古老的石刻文字，被称为"石刻之祖"，其中有些字形与籀（zhòu）文相同。

> 籀文？

> 哦，那石鼓上都写了些什么呢？

> 我们可以把它简单地理解为西周后期的一种文字——大篆。秦统一六国后，统一使用的文字小篆就是由大篆演化来的。

这些石鼓上镌刻的都是四言诗，每首诗18、19句不等。诗歌所述皆为君王与臣工们的游猎之事，又因为碑与碣都是用来标功记事的，而"方者谓之碑，圆者谓之碣"，所以石上的这10首诗也被称为"猎碣"。

10面石鼓的名字，也取自刻诗篇的前两个字，即"吾车""汧（qiān）殹（yì）""田车""銮车""霝（líng）雨""作原""而师""马荐""吾水""吴人"。

多样的石鼓"周边"

石鼓承载着中国最早的石刻诗文，康有为誉其为"中华第一古物"，古人还为之创作出了不同品种的"周边"产品。

康有为：晚清时期著名的思想家、政治家、教育家，"戊戌变法"的主要人物之一，他的这些身份都是我们所熟知的。但你知道吗？其实他还是个著名的书法理论家，不仅对书法很有研究，自己也写得一手好字呢。

1. 诗词歌赋

历代石鼓的歌咏者众多，比如诗圣杜甫所作《李潮八分小篆歌》中就有"陈仓石鼓又已讹"，韩愈与韦应物也各写过一首《石鼓歌》。

2. 拓片

为使石鼓上的文字能够流传下去，唐代以来，不少有心人都对其进行了墨拓。

目前可见最早拓本是明代安国"十鼓斋"藏的3本宋拓，故宫博物院所藏为孙克弘旧藏的明代拓本。

明拓战国石鼓文册局部

拓片，即用墨、纸将石碑或器物上的图文捶拓下来的一种艺术。

3. 摹本

有人用拓片保存石鼓文，就有人复制摹本。

乾隆就曾命人重雕过10块新鼓，字摹旧本，分列孔庙大成门外的左、右两侧。

故宫收藏中有一卷《篆书临石鼓文》轴，出自清代吴昌硕之手，他擅长摹写石鼓文，本幅临摹的是石鼓第三鼓的"田车"篇。

4. 墨锭

喜欢石鼓又不能把它们带回家怎么办？故宫里有一套藏品墨锭，是清代篆刻家巴慰祖仿照石鼓所作，鼓两面还分别摹刻大篆鼓文和楷书释文。把袖珍版的"石鼓"摆在书案之上，可谓风雅。据说乾隆也有好几套石鼓御墨呢。

哇，这是古代的"文创"精品呀！

屋檐"守护者"
"汉并天下"瓦当

国宝档案

"汉并天下"瓦当

材质：陶
所属年代：西汉
现藏于：故宫博物院

直径 17 厘米

国宝小档案

瓦当最早产生于西周时期，是中国古代建筑构件中的一种，位于屋檐前端部分，在古建前一抬头便可瞧见。这件瓦当的当面上，以篆书体的四个字"汉并天下"为装饰，有称耀之意，应是为了刘邦统一天下建立汉朝而专门制作的。

瓦当的大作用

众所周知，瓦片是古代建筑中的重要构件。有瓦遮头，才不怕风吹雨淋。

瓦当的"当"字，有阻挡、遮挡之意，它既可以阻止瓦片下滑，又能防止雨水倒灌、渗透，保护屋檐与瓦片。

> 屋顶是斜的，瓦片不会往下滑吗？

> 所以才需要在这个位置加上瓦当啊。

瓦当

瓦当的好"搭档"

还有一个和瓦当一起保护屋檐，避免檐下木质结构浸水发烂的构件——滴水。

滴水，顾名思义，就是用来引导雨水往下流的，一般呈菱角形。它夹在两个瓦当中间，弧形向上，便于聚水、排水。

> 我们是形影不离的好伙伴！

刘邦的纪念瓦当

你知道吗？这件"汉并天下"瓦当，不仅是屋檐的"守护者"，也是历史的见证者。

"并"乃统一之意。随着项羽兵败，大汉统一天下，这款属于开国皇帝刘邦的"纪念"瓦当便应运而生。

> 我知道项羽，他是西楚霸王！

> 象棋里的楚河汉界，好像就与楚、汉两军对峙有关。

> 是的，楚汉之争还得从公元前207年说起……

那时，秦朝灭亡在即，各路势力约定，谁的军队先打到函谷关内，谁就做老大。而刘邦、项羽之师，是最有可能的两支"潜力股"。

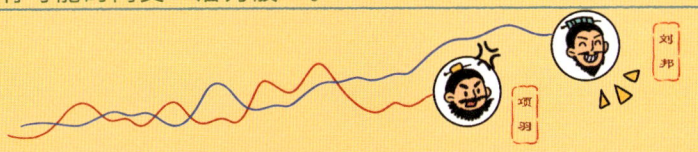

刘邦的兵力虽不及项羽，但却最先入了关。面对项羽的食言发难，刘邦打不过，只能求和，还差点儿在"鸿门宴"上被杀。

小贴士

"鸿门宴"的故事出自《史记》，说的是项羽手下的谋士范增想趁刘邦至鸿门赴宴，将其刺杀，但项羽犹豫不决，没有下令。刘邦这才安全脱身，回到了军中。

于是，项羽做起了"西楚霸王"，分封天下，只把穷乡僻壤的汉中分给刘邦。他自以为高枕无忧，殊不知，刘邦始终积极备战，并发起了历时近5年的楚汉之争。

直到公元前202年，项羽走投无路，自刎于乌江边。刘邦称帝，建立汉朝。

汉并天下

瓦当上的"小心机"

最初，瓦当还是素面的，不加任何修饰。后来，古人不再满足于它仅具有的实用功能，还希望它能装点屋檐，满足审美需求，于是当面纹饰开始出现。

西周时期的瓦当多呈半圆形状，其纹饰主要以重环纹为主。

这件陕西扶风周原召陈建筑遗址出土的重环纹半瓦当，纹饰和当时青铜容器上的纹样十分相似。

战国时期的瓦当纹饰种类有所增多，有动物纹、云纹、植物纹与饕餮纹等。其中，燕、齐、秦三国的瓦当纹样美，品类多，成就最高。

燕国的饕餮纹半瓦当兽目圆睁，看起来竟有些"呆萌"。

齐国的树下双马纹半瓦当，将植物纹和动物纹相结合，还具有对称美。

这件鹿纹瓦当则是秦国当时流行的圆瓦当。

到了汉代，形制上是圆瓦当取代半瓦当，成为主流。在纹饰方面，云纹、四神纹、文字占据多数。

云纹瓦当，其实延续了秦代人们对长生、登仙的追求，他们将这种愿望寄于纹样之中。

秦代云纹瓦当

四神在汉代不仅有辟邪求福的作用，还能表示季节和方位。

小贴士

青龙的方位是东，代表春季；白虎的方位是西，代表秋季；朱雀的方位是南，代表夏季；玄武的方位是北，代表冬季。

文字瓦当则大致分为两种，有的文字是用来记事的，比如"汉并天下"，有的则是追求福寿的吉祥语，比如"长乐未央""永受嘉福""延年益寿"等。

隋唐时期，随着佛教的兴盛，莲花纹成为瓦当的"爆款"纹饰。

至于宋以后嘛，有少量新的花卉纹和龙纹瓦当出现，但总体而言，瓦当艺术没有得到更进一步的发展。

互动小问答
猜猜看这件文字瓦当上的四个字是什么？

答案：长乐未央。

唐朝 莲花纹瓦当

遗世墨宝《平复帖》

国宝档案

《平复帖》

材质：纸本
所属年代：西晋
创作者：陆机
现藏于：故宫博物院

国宝小档案

《平复帖》以草隶书成，共9行86字。文字写于麻纸之上，笔意婉转，古雅质朴，一气呵成，距今已有1700余年，是现存年代最早的西晋名家真迹，在中国书法史上占有重要地位，此帖也被推为"帖祖"。

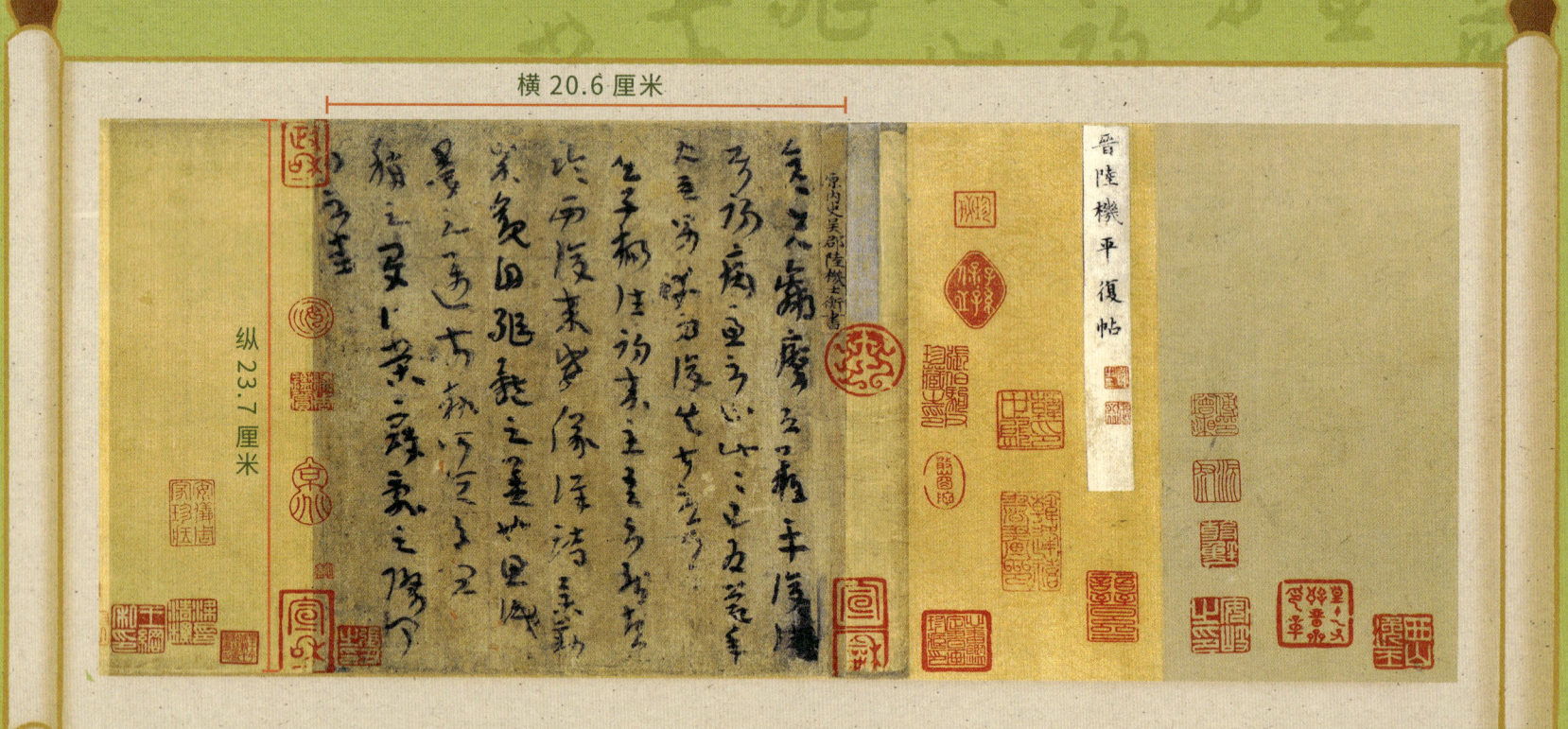

横20.6厘米

纵23.7厘米

写给友人的信笺

由于当时的草隶是过渡字体，并非如今的草书，加上年代久远，字迹模糊，部分文字内容难以辨认。但就目前流传最广的释文来看，《平复帖》是陆机写给朋友彦先的关切病情、宽慰其心的信。因这位朋友多病，难以痊愈，信中提到病体"恐难平复"，故称为"平复帖"。

除了关心彦先外，书帖中还提到了吴子杨与夏伯荣两人的近况，表达了关切之意。

陆机

陆机是谁呀？有点陌生。

他啊……你们听过陆逊吗？

我听过！我最爱看《三国演义》了，陆逊是三国里东吴的丞相！

少有奇才的陆机

陆机，字士衡，吴郡人，是三国东吴丞相陆逊之孙。《晋书·陆机传》中评价他"少有奇才，文章冠世"，他与潘岳同为西晋诗坛的代表人物，还有"潘江陆海"的美称。所以，陆机可不只是位书法家，还是大文学家呢。

只可惜，陆机没能置身于晋朝的皇权斗争之外，最终走向了末路。

南朝《诗品》中写有"陆才如海，潘才如江"的评价，说的就是陆机与潘岳的才华犹如江海横溢。后来，成语"潘江陆海"就用来形容人在诗文方面才华横溢了。

"流浪"的《平复帖》

《平复帖》在成为故宫展品之前，有过一段曲折的"流浪史"，从帖上众多收藏者的题跋与印记就可见一斑。

我的题字当然得用瘦金体。

我也题个跋，证明我曾经拥有！

藏品太多了，这个就赏给老十一吧！

好东西，得让我孙子继承。

历史上的"趣"帖

"帖"是文人间的书信往来，没有太多文体的约束，平添许多真实与率性。

《儿子帖》
创作者：富弼
关键词："阅后即焚"

此帖是北宋名相富弼为儿子"走后门"，写给某官员的小纸条，请他多关照自己愚笨又没什么社会经验的儿子。还在信末请求对方阅后烧掉。

然而，这位官员却将这张小纸条保留了下来，也不知是忘了烧，还是另有原因。

幸亏没有烧掉，否则就少了一件文物啦！

《尝瓜帖》
创作者：柳公权
关键词："吃瓜群众"

柳公权在帖里分享了自己的吃瓜心得——第一口瓜好吃。

小贴士

☆ 柳公权是唐代大书法家，自创独树一帜的"柳体"，与欧阳询、颜真卿、赵孟頫（fǔ）并称为"楷书四大家"。

《苦笋帖》

创作者：怀素

关键词："拿来吧你"

怀素是唐代的草书大家，也很懂美食，在写给朋友的小纸条中表示苦笋和茶的味道极妙，并请对方把好吃的直接送来，真是一点儿都不搞客气那一套啊！

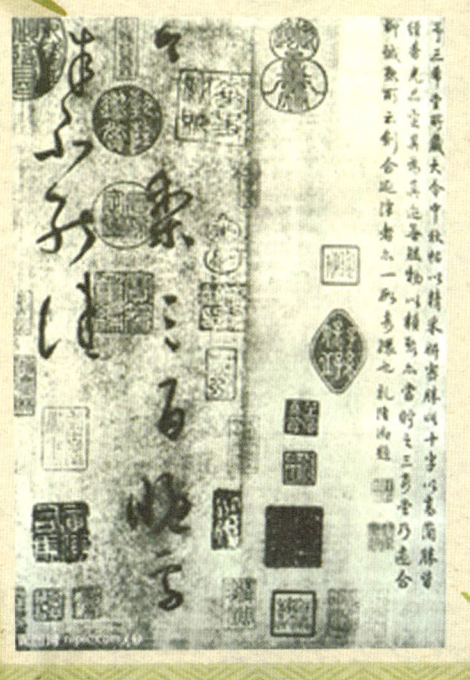

《送梨帖》

创作者：王献之

关键词："土豪送梨"

这张帖虽只有寥寥数语，却挡不住浓浓的"土豪"气息。这梨要么不送，要送就送 300 个！

这幅图卷有点"牛"
《五牛图》

国宝档案

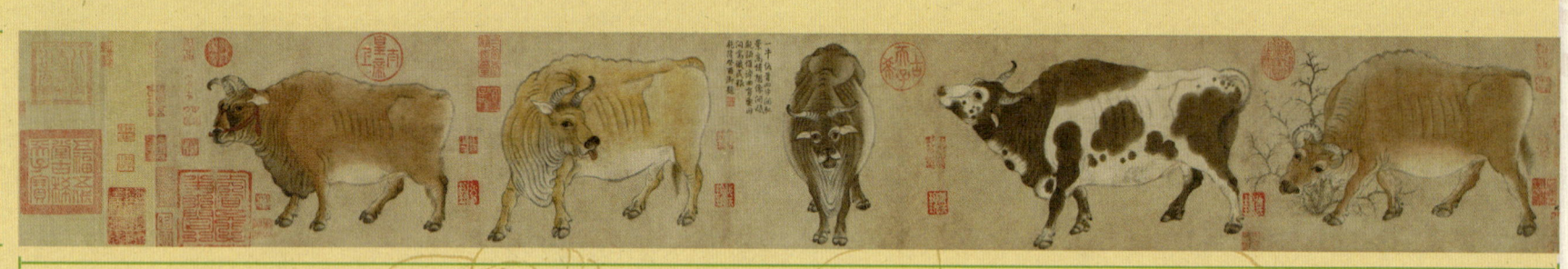

纵 20.8 厘米

横 139.8 厘米

《五牛图》

材质：纸本
所属年代：唐代
创作者：韩滉（huàng）
现藏于：故宫博物院

国宝小档案

《五牛图》是中国十大传世名画之一，纵20.8厘米，横139.8厘米，尺幅比起其他传世名作并不大。作品完全以牛为表现对象，五只长相各异的牛姿态生动，各有不同。创作者韩滉的笔法老练，描绘准确，细致入微，使得五牛神形兼备。

宰相也画画

韩滉不仅是著名画家，还出身宰相之家。他的父亲是唐朝名相韩休，他自己也在唐德宗时期位居宰相。牛，是中国古代重要的农耕畜力，代表着当时先进的农业生产力。韩滉任职宰相期间，很注重农业发展，因此有学者认为，韩滉画这幅《五牛图》可能含有鼓励农耕之意。

> 既能当宰相，还能画出传世名画，韩滉也太厉害了吧！

> 其实还有一位唐代宰相也这么厉害哦！

> 哇，是谁呀？

这位也很擅长绘画的唐代宰相名叫阎立本，中国十大传世名画之一的《步辇图》就是他绘制的。图中描绘了唐贞观十五年（641）唐太宗李世民接见前来迎娶文成公主的吐蕃（bō）使者禄东赞的情景。

阎立本还曾受命绘制24位唐朝开国功臣的肖像，悬挂在凌烟阁内，也就是著名的《凌烟阁功臣像》。

小贴士

凌烟阁是唐代为表彰功臣而建立的一座绘有功臣图像的高阁。这24位位列凌烟阁的功臣中，有不少我们或许都听过的名字哦。比如长孙无忌、房玄龄、杜如晦、魏征、秦琼等。

从绢本到纸本

绢本，即绘在绢、绫、丝织物上的字画。《清明上河图》《千里江山图》的载体都是绢本，其特征是能看到明显的纺织痕迹。

纸本，顾名思义，就是在纸上作画。唐代以前的纸本画目前还没有发现，《五牛图》是至今发现的、最早的纸本作品，纸料为麻料，也就是"麻纸"。

麻纸的纸质坚韧，虽历经千余年亦不易变脆、变色，正应了"绢保八百，纸寿千年"之说。

> 除了绢与纸外，回忆我们参观过的文物，古人还在哪些载体上画画呢？

> 墙壁上！我们参观过墓葬壁画！

> 还有陶器、瓷器等各种器皿上！

从赵孟頫到乾隆

《五牛图》上只画了五头牛，可历代收藏者们却为这五头牛在本幅及尾纸上留下了诸多题跋与印鉴。

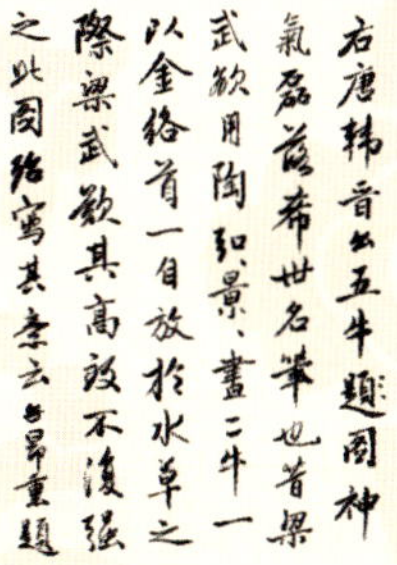

> 这是大书法家赵孟頫的题跋，他认为这幅《五牛图》"神气磊落"，是"稀世名笔也"。

> 这是明代著名收藏家、鉴赏家项元汴的鉴藏印，他给画卷盖了一个"神品"认证的戳。

> 乾隆皇帝还为《五牛图》题了诗："一牛络首四牛闲，弘景高情想象间；舐齕（hé）讵惟夸曲肖，要因问喘识民艰。"

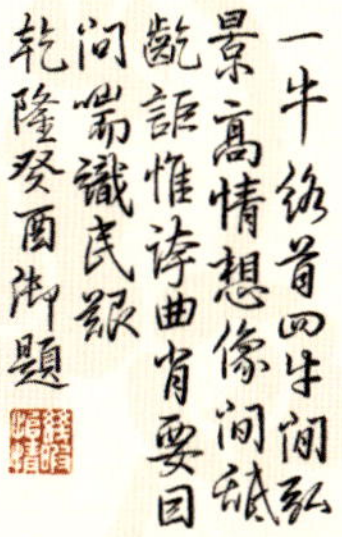

小贴士

乾隆的这首诗既夸赞了画家将牛的神态画得惟妙惟肖，又了解了画作背后的深意，并借用汉代名臣丙吉见喘问牛的故事，来表达对民生疾苦的关心。

《五牛图》，看五牛

此卷不设背景，精彩妙笔全在五只牛的身上。就让我们一起细细欣赏，古代收藏家们如此珍爱的《五牛图》到底有多"牛"吧！

第一头牛

你们看我的眼睛大不？

这是一头形象传统的老黄牛，侧对画面外，似在缓步前行，步履沉稳，也许是刚要去地里耕作，也许是才耕地归来。画家将牛眼适当夸大，连睫毛都刻意描画凸显，使牛瞳炯炯有神。

第二头牛

我也会吐舌头做鬼脸哦！

这头黄牛肤色较第一头浅些，不知在回头张望什么，还俏皮地伸出了半截牛舌。牛头部与口鼻处的细毛根根分明，细致入微。

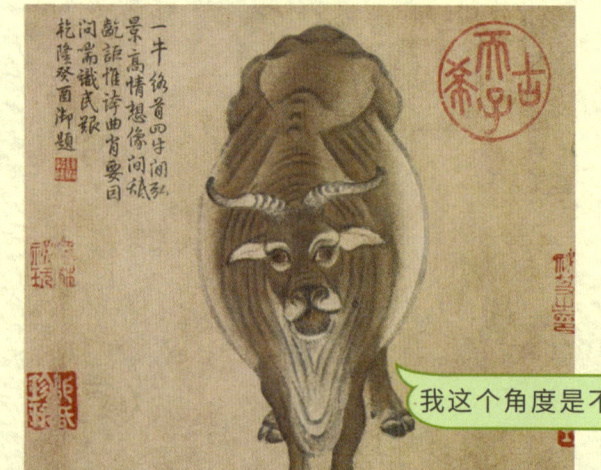

第三头牛

第三头是褐色的牛，牛头正面朝着画外，仿佛下一秒就会走出画卷，来到观者的面前。这种绘画角度在中国古画中并不多见，绘画难度高，显示出画家高超的画工。

我这个角度是不是很帅？

第四头牛

别认错，我可不是奶牛呀！

第四头牛长着黑白斑纹，仰着脑袋往前走，脚步似乎十分轻快。它的花色给画面增添了一抹亮色。

第五头牛

今天不赶时间，我可以慢慢吃草。

最后一头牛低头伸脖，像是在慢悠悠地吃草。牛脸稍稍扭过来，冲着画面外，让观者能够从其惬意的神态中感受到这头牛此刻应是十分舒适、放松的。

古人其实很喜欢用"五"这个数字来记述某些事物与概念。

《五牛图》

五行：金、木、水、火、土
五音：宫、商、角、徵、羽
五谷：稻、麦、黍、菽、稷
五色：青、赤、黄、白、黑
五德：温、良、恭、俭、让

宋时青绿
《千里江山图》

国宝档案

纵 51.5 厘米

横 1191.5 厘米

《千里江山图》

材质：绢本
所属年代：北宋
创作者：王希孟
现藏于：故宫博物院

昙花一现的少年英才

你能想到王希孟在绘制这幅绝世名作时，还是个年仅 18 岁的少年吗？

少年王希孟曾是朝廷所办官方画院的学生，但最初他的表现并不出众，直到宋徽宗慧眼识珠，亲自指点他绘画的技法，这才有了只用短短半年时间就画出的惊世之作——《千里江山图》。

国宝小档案

《千里江山图》卷全长近 12 米，是北宋画家王希孟唯一的传世之作。画卷以青绿为主色调，以概括精练的手法和细腻的笔法描绘了宋代的锦绣河山。看那千山万壑、江河浩渺，还有那曲径通幽中隐着的屋宇房舍……各种人文景观与自然风光和谐相融，被视为宋代青绿山水中的巨制佳作。

> 然而，此后史料上再无王希孟的音讯。有人推测，他在画完后不久就去世了。

> 好可惜啊……

山水间的古建筑

此画卷不仅铺绘了壮阔的青绿山水，还是一幅北宋的建筑图鉴。

有山谷中的小院，清雅别致；也有房屋众多的大宅子，布局讲究。

画卷里还原了一处横跨在山溪上的水磨。流水冲击水轮时，带动坝上屋子里的水磨就可以研磨面粉啦。

据说，画里这座桥就是宋仁宗时建造的，是位于江苏吴江的"垂虹桥"。此桥极受文人雅士的偏爱，他们争相吟诵，留下不少诗篇。

有如长虹卧波、建构复杂的大型亭桥，也有竹篾（miè）、卵石做的桥墩上架梁铺板的乡间小桥。

珍贵的青绿山水

你知道为什么《千里江山图》的展出次数这么少，这么难得一见吗？这是由于画卷的颜料珍贵又特殊，取自宝石类的矿物质。那么，《千里江山图》里都用了哪些"色号"的颜料呢？

绿色：孔雀石
孔雀石，因颜色酷似孔雀羽毛斑点上的绿色而得名。

蓝色：蓝铜矿
蓝铜矿往往与孔雀石紧密共生，颜色鲜艳。

红色：赭石
赭石是一种赤铁矿，一般呈暗棕红色。

白色：砗磲
砗磲（chē qú）指的是大海里的巨贝，其壳身白皙如玉。

小贴士

珍贵的矿物颜料虽经久不褪色，但易剥落，因此减少画卷展开陈列的次数，其实是对画作的保护。

《向往的生活》宋朝版

乍看之下,《千里江山图》虽是以峰峦为主要表现对象的山水画,可细节之中却藏着一部宋朝山间生活的"纪录片"。

快来看看画中的人们都在做些什么吧?

出游玩耍,呼吸新鲜空气,有人觉得这也很不错。

渔民们还在忙忙碌碌地撒网、收网。

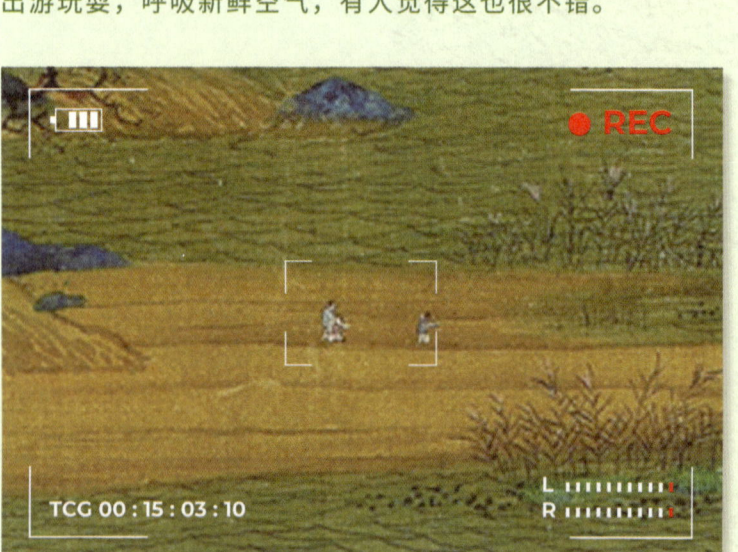

有人正赶着他心爱的小毛驴进山。

有人坐在岸边,好像正在垂钓、赏景,又似只是发呆。

还有两人划船经过一座桥下。

有人在架于瀑布上的小房子里对坐闲谈，别有一番意趣。

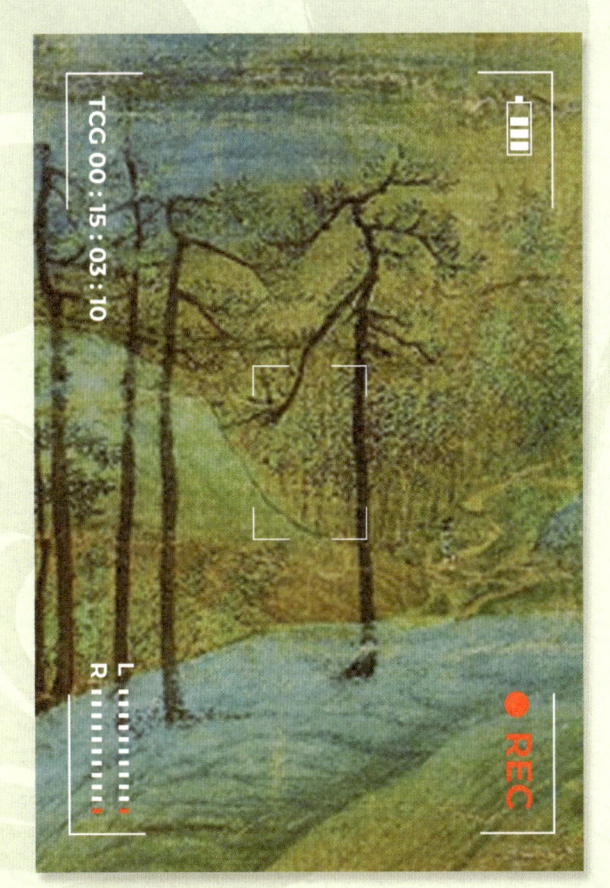

这位农夫扛着锄头，应是刚刚完成了耕作，正要回家。

这些渺小如米粒般的人，全画多达250余处，有农夫、渔民，有出门踏青的，有会客访友的，有山间行路的……动态鲜明的人迹与宁静秀美的山水共同构成了桃花源般令人向往的生活画卷。

汴京风俗长卷《清明上河图》

国宝档案

哇,这幅画得多长啊?

这幅画全长约528厘米哦。

《清明上河图》

材质:绢本
所属年代:宋代
创作者:张择端
现藏于:故宫博物院

国宝小档案

赶考学子、贩夫走卒、漕运船夫、说书艺人、贵族妇女、顽皮儿童……身份不同、衣冠各异的宋人们在都城汴京(今河南开封)过着怎样的生活呢?中国十大名画之一的《清明上河图》为我们描绘出了清明时节汴京东角子门内、外和汴河两岸的繁华、热闹的景象,全卷画面内容丰富生动,概括性地再现了北宋全盛时期汴京的风土人情。

神秘的绘画大师——张择端

为什么说张择端神秘呢?因为,比起《清明上河图》的鼎鼎大名,这位创作者却"低调"得几乎没有在文献材料中留下姓名。现存的只有《清明上河图》卷后短短的85字跋(bá)文。

翰林张择端,字正道,东武人也。幼读书,游学于京师。后习绘事,本工其界画,尤嗜于舟车、市桥郭径,别成家数也。按向氏《评论图画记》云:"《西湖争标图》《清明上河图》选入神品。"藏者宜宝之。大定丙午清明后一日,燕山张著跋。

虹桥下的惊险一幕

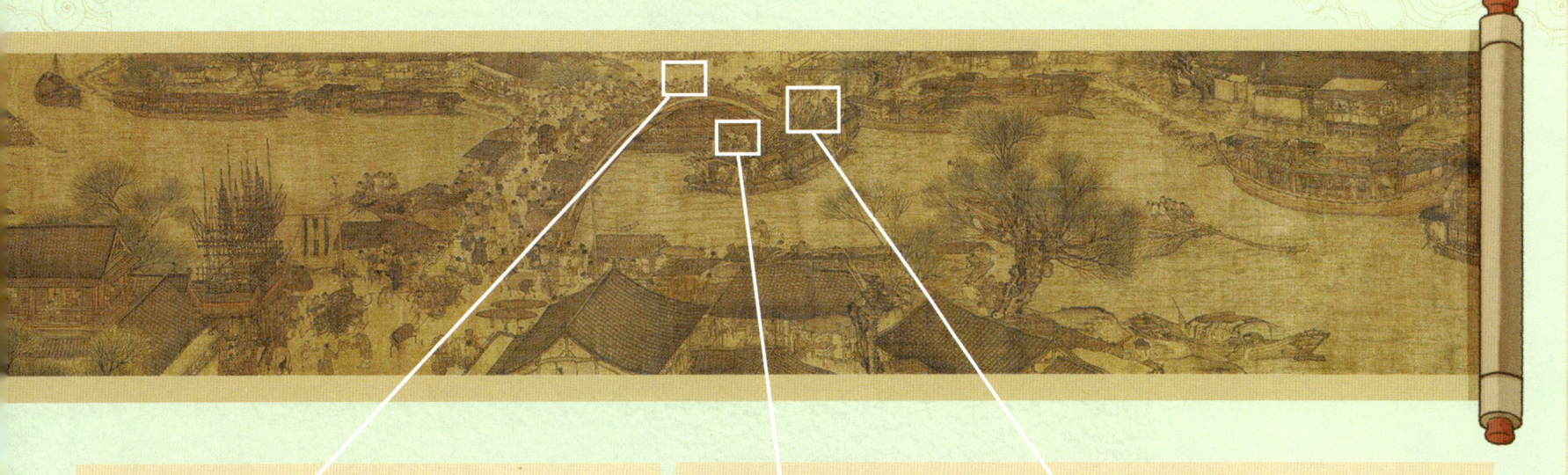

桥上的行人都跟着着急，有的找来绳子抛向大船，有的甚至直接越过栏杆，像是要跳到船上帮忙！

画上众人虽不曾动，观者却能感受到当时紧张与热闹的氛围，这就是张择端画技的高超之处呀！

那这艘船最后会撞上桥吗？

我猜没有！

哈哈，其实虹桥的建造就是为了避免船只撞桥事件发生的，你们发现了吗？虹桥是没有桥墩的！

为了保障漕运，方便大型船只的往来，北宋官员陈希亮发明了一种没有桥墩的桥。桥身全由巨木架成，有梁无柱，结构精巧，宛如一条跨越河流两岸的长虹，因此得名"虹桥"。

《东京梦华录》是记述北宋都城社会文化生活的古籍。书中记载："自东水门外七里曰虹桥，其桥无柱，皆以巨木虚架，饰以丹雘（huò），宛如飞虹，其上、下土桥亦如之。"可见，画中虹桥是真实存在的。

汴京"探店"记

汴京作为北宋的都城，也是当时世界上最繁华的城市之一。假如能到画中的汴京一游，街市有哪些好吃、好喝、好玩儿的地方呢？让我们一起去"探店"吧！

瞧，这说书先生的摊子前可围了不少人呢！北宋的城市十分繁荣，娱乐业的各个行当都涌现出了许多名角。

我们去听书吧！

不急，不急，咱们一处一处逛。

这家"十千脚店"也是吃饭、喝酒的小酒馆。它和正店不同的是脚店不能自己酿酒，得从正店进货来卖。

这家名叫"孙羊店"的正店，其实就是酒楼。华丽惹眼的门面装饰，地上有三个类似灯箱的招牌，还有缀满了绣球、花枝的彩楼欢门，这些都是招揽顾客的"广告"手段。

这三个脚夫站在大大的遮阳伞边，应是在光顾卖"饮子"的小摊。

宋朝的"饮子"类似现在的饮料，种类有很多，比如砂糖冰雪冷元子、药木瓜、砂糖绿豆甘草冰雪凉水等，一般都含有两三味中药，既好喝又养生。

我想试试宋朝的饮料好不好喝！

仿古玉器的瑰宝
玉云龙纹炉

国宝档案

口径 12.8 厘米

高 7.9 厘米

玉云龙纹炉

材质：玉
所属年代：宋代
现藏于：故宫博物院

国宝小档案

这件玉云龙纹炉，为青玉所制，圆圆的体型，没有炉"脖子"，炉口则微微向外展，圈足外撇，两侧是一对生动的兽首吞耳。炉身上的雕刻繁缛华丽，遍布"工"字纹，炉身又饰有游龙、祥云和海水纹。因其造型深受乾隆皇帝的喜爱，故他在器物内底刻上亲题的一首七言诗。

形形色色的龙纹

龙纹，是器物装饰纹样中的一个大类。由于龙的体态各异，就有了行龙、立龙、正面龙、侧面龙纹等类型。

另外，龙纹还可以与其他纹饰进行组合。这件玉云龙纹炉的纹饰将龙纹与云纹组合在一起，就构成了云龙纹。

那么当宝珠纹加上龙纹，得到的就是龙戏珠纹了。比如这件青花双龙戏珠纹缸的外壁就饰有两组双龙戏珠的纹饰。

若是宝珠在前、龙纹在后，也可称为赶珠纹。明代的青花云龙纹盘外壁所绘的就是二云龙赶珠纹。以龙纹为装饰的陶瓷器在明、清两代尤其多。

敲黑板提问，黑板上是红山玉龙的文物图，还记得"中华第一龙"是指哪件文物吗？

答案：红山玉龙。

大宋"仿古风"

不觉得这炉的样子很眼熟吗？

还记得利簋吗？

别说，还真挺像的！

其实，这件玉云龙纹炉的器身造型确实仿照了青铜簋。

随着文玩鉴赏成为一种时尚，宋时形成了一门名叫"金石学"的学科，专门以古代青铜器和石刻碑碣为研究对象，可以算是考古学的前身。

随着宋人对青铜器的研究，宋代玉器的形制也掀起了一股"仿古风"，出现的仿古青铜器的玉器，简称为"仿古玉器"。不过仿古不代表照搬，玉云龙纹炉作为仿古玉器，其器形和纹饰还是有一定变化的。

宋人不仅仿有簋式炉，还有鼎式炉与鬲（lì）式炉。

我长得像不像鼎？

我模仿的是青铜鬲哦！

小贴士

说到金石学，很多小朋友都觉得陌生，但与其相关的人物却是我们耳熟能详的。金石学的开创者是欧阳修，其学生曾巩最早提出"金石"一词，代表人物中还有著名的女词人李清照呢。

古代的书房艺术

书房,是古代文人的专属空间,其环境营造往往清幽风雅。一缕幽香可令人身心愉悦,在香雾缭绕的书房中读书习字,真是一种享受呀。

那么除了置一盏香炉外,古代文人还靠哪些装饰来提高书房的格调呢?

文房四宝

笔、墨、纸、砚是书桌上的基本配置。

笔搁、笔筒、笔插

顾名思义,这三样都是用来搁放毛笔的,不仅实用性强,而且其设计也往往具有极强的观赏性。

墨床

不止毛笔,墨锭也需要安放。专门用来承搁墨锭的小案架——墨床就应运而生了。墨床设计精巧,单看也是件艺术品。

水丞

就算只是用来装研墨所用清水的器皿,也承载着奇巧的匠心。

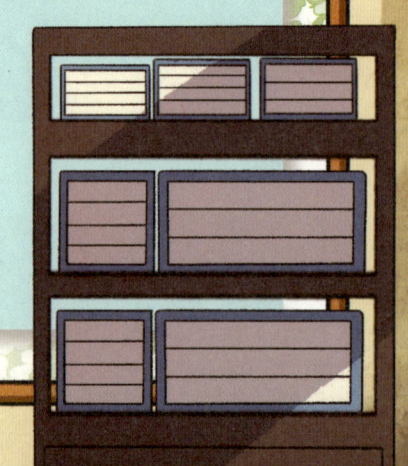

花草植物

对文人来说，在书房内放置兰花、菖蒲等象征高洁品质的花草，既可亲近自然，又能寄托志向。

臂搁

一种辅助书写的工具，将它搁在小臂下面，既可在书写时借力，又能防止蹭脏写出的字和拿笔的手。

砚屏

形体较小的一种屏风，常放置在案上，是个增添书房雅趣的小摆件。

小贴士

其实，以上这些书房装饰都可被统称为"文房清供"，即指书房的各种陈设器具与辅助用具。它们伴随着文房四宝的发展而兴盛，渐受文人推崇。明清时期是"文房清供"的发展巅峰。

"丝"情画意
沈子蕃缂丝《梅鹊图》轴

国宝档案

沈子蕃缂丝《梅鹊图》轴

材质：丝质

所属年代：南宋

创作者：沈子蕃

现藏于：故宫博物院

宽 36 厘米

纵 104 厘米

国宝小档案

此图以画稿为摹本，以十五六种色丝装的小梭代笔，缂（kè）织而成。画上粗壮苍劲的梅树枝干旁逸斜出，朵朵清雅的梅花点缀枝上，不惧寒意。两只喜鹊栖在梅干之上，一只好像还在酣睡，另一只则昂首远眺，仿佛在等待即将来临的春天。该图轴画面古韵十足、清丽典雅，是南宋时期缂丝工艺杰出的代表作之一。

梅花的"搭档"们

梅花凌寒独绽，在中华传统文化中寓意颇多，且常与他物"组队"出现。

梅与鹊

这幅沈子蕃缂丝梅鹊图轴上描绘的"喜鹊登梅"之景，其实是有说法的。古人将喜鹊视为报春、报喜的使者；梅花多为五瓣，且被分别赋予了幸福、快乐、长寿、顺利与和平之意，成为"五福"的化身。加上"梅"又与"眉"谐音，"喜鹊登梅"就有了"喜上眉梢"之意，代表着吉利喜庆。因此，梅与鹊就成了常见的吉祥图样。

梅与竹

一些绘有梅与鹊的吉祥图样中，还会加入竹的身影。以竹喻夫，梅喻妻，再加上两只喜鹊，组成"梅竹双喜"的图样，用来祝贺新婚之喜、夫妻和乐。

竹梅双喜

梅与石

梅花坚韧，磐石难移，两相结合，可在文人画中一表冰心铁骨的坚忍。清代吴昌硕曾画过一幅《梅石图》就是如此，梅为主，石为客，梅枝傲然，块石层叠，固梅之坚，相得益彰。

小贴士

梅、兰、竹、菊因其特质，被认为品行高洁，合称"四君子"。因此，在一些文人画中，又有诸如"梅竹双清"一类的题材，用于言志，暗喻文人品格。

梅　兰　竹　菊

缂丝名匠沈子蕃

缂丝技艺历史悠久，北宋时期的定州缂丝扬名在外，沈子蕃的祖籍就是定州。后又因南宋与北宋的政权更替，政治与经济中心南移，沈子蕃也去了南方开创事业，这使得苏州、松江一带的缂丝产业迅速发展，成为南宋缂丝界的"扛把子"。

历经两宋的沈子蕃以摹缂名家书画著称，但有署名的存世之作却不多，除了缂丝梅鹊图轴外，同藏于故宫博物院的还有《青碧山水图》。

《青碧山水图》轴

"缂丝"可是一种很特别的织法哦。

太神奇了！

这画真的是织出来的吗？

一寸缂丝一寸金

缂丝，又名"刻丝"，是中国传统丝织工艺品种之一。缂丝匠人们借助缂丝机，运用"通经断纬"的特殊织法，使得作品看上去好像雕刻出来的一样，故而又称"刻丝"。

所谓"通经断纬"，就是先用丝线把一整面的经线都挂好后，再用几只乃至几十只装有不同颜色纬线的梭子，按照设定好的图样在经线面分块缂织，最终呈现出想要的图案。

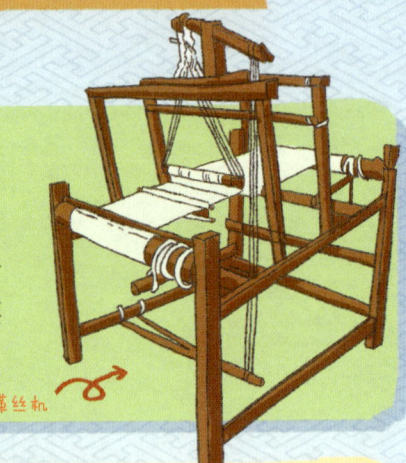

缂丝机

我还是不太懂……

是啊，太抽象了。

不要紧，我这儿有图有真相！

"通经断纬"的特点就在于经线不断，不动也不露，只有纬线需要根据不同色彩截断、变换。

"通经断纬"的织造方法特殊，难度大，耗时久。沈子蕃这幅缂丝《梅鹊图》中，所用的经线密度是 20 根/厘米，纬线密度则 44~46 根/厘米，对工艺要求极为精密。因此，古人才有"一寸缂丝一寸金"的说法。

织物上的红色区域，需用红色纬线来织，当遇上绿色区域时，就要截断红色纬线，另换绿色纬线在对应处穿梭。

以梭代笔

"以梭代笔"是明代大书画家董其昌对缂丝的形容。这是因为缂丝还有一处技艺，与其他织造不同，那就是"合花线"。

其他织物要过渡颜色时，必须通过或大或小的过渡色块来实现。但缂丝不同，匠人只需将不同颜色的丝线绞捻成一根线由梭子穿织，就能在织面上展现出自然的和色过渡，如同画笔调色一般。

不止书画

宋代缂丝大都摹缂名家书画。发展到明清时期，这一技艺还遍及袍服、扇子等衣饰，乃至大件家具。

乾隆皇帝的夏季吉服也用了缂丝技法哦。

月白色缂丝彩云蓝龙袷龙袍

当时的许多宫廷团扇都使用了双面"透缂"的技术，即无论是从正面还是反面看扇子，花纹都是相同的。

黄色缂丝凤栖梧桐图团扇

这个清代宝座由内务府造办处所制，屏风式的靠背和扶手上的各类龙纹就是缂织的。

紫檀木嵌缂丝宝座

小贴士

★ 四大名著之一的《红楼梦》中也有缂丝工艺品的身影，比如"外罩五彩缂丝石青银鼠褂""石青缂丝八团天马皮褂子"等。

雕漆之美
"张成造"剔犀云纹盘

国宝档案

口径 19.2 厘米

盘面

盘底

"张成造"剔犀云纹盘

材质：漆
所属年代：元朝
制作者：张成
现藏于：故宫博物院

国宝小档案

这件"张成造"剔犀云纹盘是不可多得的雕漆珍品。它高 3.3 厘米，以木为胎，通体黝黑发亮，所雕云纹线条流畅圆润、古朴大气。漆盘近足的边缘处还有张成惯用的"张成造"三字针划细款作为署款。

漆上雕

对古代匠人来说，似乎什么都能用来雕刻，材料有木头、玉石、瓷器……就连漆料也不例外。

所谓"剔犀"，其实是雕漆技术中的一种。

雕漆，起源于唐代，成熟于宋元时期，并在明清得到了进一步发展。根据漆色的不同，分为剔红、剔黄、剔绿、剔彩、剔犀等，其中以剔红器最为多见。

雕漆技艺已经被列入第一批国家级非物质文化遗产名录了哦。

元代漆器"名牌"

张成，是元代著名的雕漆工艺家。他不仅是剔红高手，剔犀技巧也十分精湛。其作品往往髹（xiū）漆较厚，所雕的花叶肥厚、饱满，极富立体质感。

"张成造"就如同当今的名牌LOGO，但凡带着这三字落款的漆器，都是收藏家们求之不得的珍品，比如剔红栀子花盘等。

"张成造"剔红栀子花纹圆盘

雕漆工艺

雕漆的工艺过程十分复杂，匠人们要在制作好的胎上反复涂抹天然漆料，达到一定厚度后，再用刀在堆起的平面漆胎上雕刻花纹，烘干，最后经过一系列的处理，才算大功告成。

涂抹漆料 → 雕刻 → 打磨、抛光、做里…… → 成品

刷15毫米厚的漆需要近百天的时间，所以雕漆艺术品的生产周期一般都很长。

这么薄，却要这么久啊！

雕漆可真不容易呀！

雕漆的工艺过程

"燕京八绝"绝在哪儿

雕漆是"燕京八绝"之一,其他七大工艺门类分别是花丝镶嵌、金漆镶嵌、景泰蓝、玉雕、牙雕、宫毯和京绣。

这些工艺在明清时期盛行一时,许多宫廷重器上都能找到它们的身影。

玉雕

顾名思义,就是对玉石进行加工雕刻,经反复琢磨将玉石雕琢成精致绝美的工艺品。

景泰蓝

作为国家级非物质文化遗产,制作原料主要有铜等金属与各色珐琅。因这种工艺技术在明代景泰年间发展兴盛,且制作出的工艺品多以蓝色为主,故而得名。

牙雕

中国的象牙雕刻艺术早在史前就已出现,许多朝代都把精致的牙雕作为呈给皇家的贡品。清代是牙雕工艺的鼎盛时期。

金漆镶嵌

所谓"金漆"就是将漆与金的工艺结合，如进行描金、贴金、洒金等，再将玉石等以多种工艺镶嵌在漆胎之上。这种镶嵌方式多为皇家所用。

花丝镶嵌

实为"花丝"和"镶嵌"两种制作技艺的结合。

谁记得参观过的文物里，有哪件用上了这两种工艺？

我知道！

答案：明春满穿点翠龙凤冠。

京绣

京绣的用料，从元代开始就变得十分贵重——以金、银线入绣，使得绣品金碧辉煌，尽显皇家气派。因此，京绣主要供应皇家权贵使用，又被称为"宫绣"。

宫毯

宫毯即编织地毯的工艺，起源于宁夏。这种工艺织成的地毯十分精细，样式华美，曾是皇宫里的御用品。

43

珐琅之宝
掐丝珐琅缠枝莲纹象耳炉

国宝档案

口径 16 厘米

足径 13.5 厘米

通高 13.9 厘米

掐丝珐琅缠枝莲纹象耳炉

材质：铜、珐琅
所属年代：元末明初
现藏于：故宫博物院

国宝小档案

这件掐丝珐琅缠枝莲纹象耳炉继承了传统铜炉的造型，纹饰精美，缠绕不断的莲花和藤蔓寓意富贵吉祥。此炉是故宫旧藏器中的珐琅珍品。它在元末诞生时，并非我们现在看到的模样，其铜胆、象耳与圈足都是后世才配上的。

从异乡到东方

还记得上篇里"燕京八绝"之一的"景泰蓝"吗？其实它的正名叫作"铜胎掐丝珐琅"，也就是咱们这件文物的制作技法啦。

目前一般认为，掐丝珐琅工艺是从阿拉伯半岛的"大食窑"传入中国的，后被借鉴吸收，发展成了具有中国特色的传统工艺。

明、清两代的帝王都对珐琅工艺颇为喜爱、重视，还设置了皇家御用的珐琅作坊。

小贴士

"珐琅"这个名字是由古西域的地名音译而来，听起来神秘，实际上就是将多种矿物质混合烧制而成的氧化物，将其磨成粉末，就成了可以填充或绘制在器物上的彩色釉料。

乾隆三十九年（1774）和四十七年（1782），皇帝两次下令造办处制造了超大、超豪华的珐琅器——掐丝珐琅大佛塔，而且一造就是 12 座！

这 12 座佛塔高度相同，形制各异，汇集多种工艺，技术难度大，造价也高达 70 万两白银！

通高 231 厘米

底径 94 厘米

珐琅器"四大家族"

故宫博物院是当今国内乃至世界上收藏中国古代金属胎珐琅器数量最多的地方。这些珐琅器又被分为"四大家族"，分别是掐丝珐琅、画珐琅、錾（zàn）胎珐琅与透明珐琅。

画珐琅，顾名思义，即以绘画的方式绘制出想要的图案，又名"洋瓷"。

> 掐丝珐琅我们都见过了，剩下三种有什么不一样呢？

> 主要是工艺上的不同。

錾胎珐琅，就要用"錾刻"这种金银器制作工艺了，通过成套的工具锤錾出纹饰痕迹，再在凹下处填上各色珐琅。

画珐琅八宝攒盒

> 这不是很像咱们现在拍照时加一层滤镜的效果吗？

透明珐琅，是在錾胎珐琅衰落时兴起并发展的，先用錾刻等工艺把纹饰都做好，再通体涂上一层透明的珐琅料，这样烧制出来的珐琅器就会自带朦胧美啦。

透明珐琅八吉祥纹面盆

掐丝珐琅的制作工艺

掐丝珐琅工艺品的制作颇为繁复,不仅需要匠人有双巧手,还需要耐心、细致。

1. 制胎

根据设计好的器物形状来剪裁铜片,反复敲打,使铜片变薄、变大,最终定型为铜胎。

2. 掐丝

将铜丝或掐或折、或盘或绕,做成花纹的形状,然后烧、粘在铜胎上。

6. 镀金

将金和水银混合制成溶剂,涂在器物表面并加热,使水银蒸发,让金附着于器物表面,防止氧化。

3. 点蓝

将珐琅釉料涂在掐丝花纹的框架里。

4. 烧蓝

对器物进行烧制,形成光泽亮丽的珐琅色釉。每件掐丝珐琅工艺品一般都要经过多次烧蓝。

5. 磨光

用细砂石、黄石、木炭等反复打磨器物的粗糙处。

清宫里的钟声
黑漆彩绘楼阁群仙祝寿钟

国宝档案

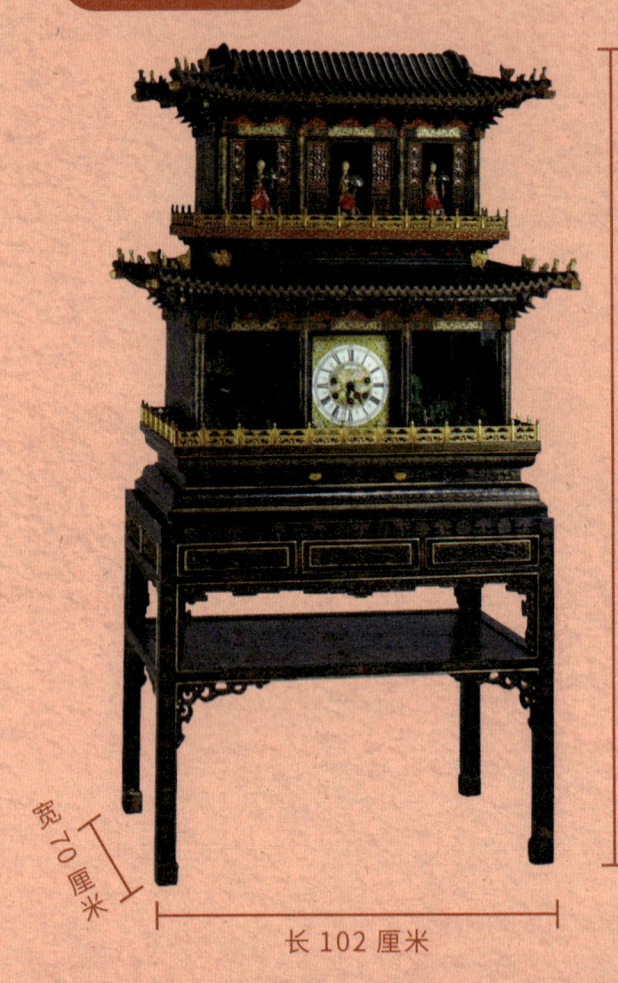

高 185 厘米
宽 70 厘米
长 102 厘米

黑漆彩绘楼阁群仙祝寿钟

属性：自鸣钟
所属年代：清代
现藏于：故宫博物院

国宝小档案

叮当，叮当……那是清宫中传来的西洋钟声。钟情西洋钟表的乾隆皇帝为后人留下了许多钟表旧藏，黑漆彩绘楼阁群仙祝寿钟就是其中一件。此钟表做工精密，共有 7 套机械系统，分别控制走时、报时、景箱表演等活动装置，清内务府造办处下设的做钟处历时 5 年才完成制作。

清朝皇帝与自鸣钟

自鸣钟，即一种能按时自动击响、报告时刻的钟，由西方传教士传入古代中国，是清朝多代皇帝喜爱的物件。顺治常用一个不离左右的小自鸣钟看时间。康熙自称小时候拿自鸣钟当过玩具，后来还建了个自鸣钟处，专门存放、研究自鸣钟。雍正和他祖父一样，也爱赏玩钟表。

钟表之宝

作为故宫十大镇馆之宝中的"钟表之宝",黑漆彩绘楼阁群仙祝寿钟的"看点"可太多啦!

此钟远看就是个"缩小版"的二层阁楼,仿照中国传统建筑中的亭阁样式,故又称"亭式钟"。瞧,屋脊上的小兽和楼阁的栏杆都被还原出来了。

阁楼二层被分为 3 个小房间,房里各有一个报时的机械活动人偶装置。

每逢固定时刻,房门就会开启,左边的"报时人"敲钟碗发出"叮"声,右边的发出"当"声,"叮当"声响一次报一刻钟,报完四刻后,中间的人报时。

时钟位于阁楼一层中央,钟盘上写有"乾隆年制",并用鲜亮的黄色珐琅装饰。钟盘上的 5 个上弦孔分别控制 5 种功能:走时、报时、报刻、开关门、打乐。

每次报时完毕,都会有乐曲声起,紧接着两个景箱内的"表演"就开始了。左边景箱的表演主题是"海屋添筹"的故事。

右边景箱的表演主题为"群仙祝寿"。看,箱内的寿星正依次接受八仙敬献的宝物呢。

小贴士

"海屋添筹"说的是在蓬莱仙岛上,有 3 位仙人比长寿,其中一位说自己每当看到人间的沧海变为桑田,就会往瓶子里放根竹签,至今竹签已放满了 10 间屋。于是,"海屋添筹"就渐渐演变成比喻长寿的成语,常在祝寿时使用,也成了古代工艺品上常用的题材。

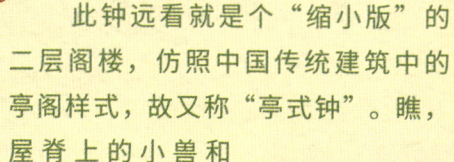

提问!! 你知道"八仙"都是哪几位神仙吗?

答案:"八仙"指的是传说中的 8 位神仙,分别是汉钟离、张果老、韩湘子、铁拐李、吕洞宾、何仙姑、蓝采和与曹国舅。

当乐声停止,"报时人"就会退回小房子,房门关闭,景箱内的活动装置也跟着复位。

好有趣啊!

我也想拥有这么一座钟了!

乾隆的西洋钟表

西洋钟表在清宫十分流行，乾隆皇帝更是喜欢收藏各种珍奇钟表。让我们一起看看都是什么样的钟表能得到乾隆皇帝的青睐吧！

铜镀金写字人钟

这座造型为四层楼阁的大型钟高231厘米，底座长、宽各77厘米，表盘之外的每一层设计都极具匠心。

第二层是钟的计时部分。

顶层是两个手举圆筒的跳舞小人。启动时，两人旋身拉开距离，圆筒就展开变成横幅，横幅上写着"万寿无疆"。

底层的写字机械人才是整座钟里最妙的一处！

只要将毛笔蘸好墨汁，再上弦开动，这位单腿跪地、手握毛笔的欧洲绅士，就会一笔一画地写下"八方向化，九土来王"这8个工整小字，而这一切，全靠按照汉字笔画、笔锋特制的机械装置，是不是很厉害呢？

第三层里是个敲钟人，每逢报完3、6、9、12时后便会打钟碗奏乐。

铜镀金珐琅三人献寿钟

此钟通高100厘米，面宽40厘米，厚32厘米，整个钟体由4只山羊驮起，仿欧洲建筑造型制作，共分3层。

这座钟的活动装置多有联动。上弦开启后，中层阁帘卷起，敲钟人奏乐，底座持联人打开字联，捧桃人向前躬身献桃。各层水法、菠萝花及其他献宝人也会一起动起来。

① 上层是圆形时钟，饰以高足杯和菠萝花。承托钟的支架间还有水法装置。

② 中层方形阁前挂着卷帘，内有左、右各一串音阶高低不同的钟碗，由敲钟人按时敲击出乐曲。

③ 下层景观箱内共有12个可旋转的牙雕献宝人。正面中央一人手持字联，身前3只山羊寓意"三阳开泰"，另外两人一左一右，手端桃盘作献桃状。

51

玉器里的"巨无霸"
青玉大禹治水图山子

国宝档案

高 224 厘米
座高 60 厘米
宽 96 厘米

青玉大禹治水图山子

材质：玉
所属年代：清代
现藏于：故宫博物院

国宝小档案

这座青玉大禹治水图山子是我国现存最大的山子，重达五吨，于嵌金丝山形褐色铜铸座上岿然伫立。它的用料是取自新疆和田密勒塔山的青玉。玉上所雕之景乃"大禹治水"的故事。大禹治水图玉山琢成后由乾隆帝钦定，安放在了宁寿宫乐寿堂内，至今已有两百余年的历史。

小贴士

乐寿堂曾为乾隆皇帝退位后的寝宫，现为故宫博物院文物陈列室。

"山子"不是山

山子，是一种以山石为主体的立体景观，围绕山水亭台、人物或历史故事为题材进行制作。

山子始于宋代，流行于明清。

据说，宋朝时有一位玉工，受宋真宗与群臣欣赏的石制假山后所留的词作的启发，也把一块璞玉雕琢成了山的形状，这就是第一件"玉山子"。

大山子，细雕琢

这座大禹治水图玉山子出自扬州玉雕工匠之手。他们巧妙地结合玉材的形态，雕琢出陡峭山崖、飞湍瀑流与古木青松，并在此山间生动再现了禹率众人开山治水的场面。

在工匠们的精雕细琢之下，民众们或锤打或镐刨，或借用杠杆之力劈山凿石、移土开道。近看画面，似乎仍能听到"叮叮哐哐"的凿石声和众人劳作时齐呼的号子声。

把玉石也雕成山的样子或许更好看吧？

大禹"简历"

"大禹治水"的故事，许多人都听过。当时黄河泛滥，大禹吸取了其父治水失败的经验教训，改"堵"为"疏"，开山治水，历经13年，留下"三过家门而不入"的佳话，最终治水成功。

但你真的了解这位治水英雄吗？他为什么被称为"夏禹"？除了治水外，他还做过哪些大事？一起来看大禹的"简历"吧！

大禹

本名：姒（sì）文命
别名：夏禹、帝禹等
身份：夏朝的第一位君王
家族关系：黄帝的玄孙，颛顼（zhuān xū）的孙子，其父名鲧（gǔn），其子夏启
主要事迹：治理洪水、划定九州、铸九鼎

这座山子很"烧钱"

这也太宽了！

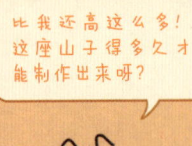

比我还高这么多！这座山子得多久才能制作出来呀？

从采玉算起到完工，这座山子的制造流程大约是这样的……

大块玉料运抵京师后，乾隆决定以清宫内藏《大禹治水图》画轴为稿本，雕制玉山。

清宫造办处画工根据稿本设计出图样，并制成蜡样。

把玉料、图纸和蜡样送往扬州，又照蜡样刻成木样后，才正式在玉料上动工。

都有蜡样了，为什么还要再刻木样呢？

工期长，蜡样久了会融化变形，木样则不会。

玉雕完成运回京后，再刻上乾隆的亲笔题字、题诗，再盖印玺，这才算大功告成。

不过，青玉大禹治水图山子的制作耗时之长、斥资之巨让乾隆皇帝都觉得太过，于是在题诗中告诫子孙：如果仅仅为了追求珍玩，今后绝不允许再做这样的事了。

爱"山子"的乾隆

除大禹治水图玉山外，乾隆皇帝令造办处制作的玉山子还有很多。

这座会昌九老图玉山，通座高145厘米，最大周长245厘米，重达832千克。它的创作灵感取自唐代白居易等9位高龄文士在河南香山聚会游宴的故事。

咦，白居易的别号不就是"香山居士"吗？

不错，白居易晚年退居香山，以此自号。许多诗人的自号都与地名有关。

这座俗称"寿山"的丹台春晓玉山，高105厘米，宽150厘米，厚77厘米，重约1500千克。此玉山由清代宫廷画家方琮设计画样，再由扬州玉工历经4年时间精心雕琢，于清乾隆四十五年（1780）十月完成。此玉山象征"寿比南山不老松"。

还有这件青玉携琴访友图山子，通高24.3厘米，宽20厘米。此玉山以携琴访友这一传统题材进行创作，暗含高山流水觅知音之情。

乾隆时期造办的大型山子无不大气磅礴，但小巧玲珑的山子中也不乏精品。

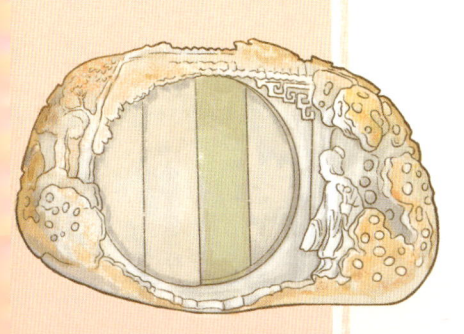

这件桐荫仕女玉山，只有15.5厘米高。匠师巧妙地利用了玉料的形色与圆洞、裂痕等瑕疵，雕琢出了一扇圆形的月亮门，将唯一一道通裂痕制成月亮门半开半掩的门缝，光恰好从中投射进来，真是妙极了！

小贴士

清代文房几案上的山子是可以充当笔架的，尤其是宫廷中的山子，往往利用所雕山体的自然走势来驾笔。

瓷上绝色
郎窑红釉穿带直口瓶

国宝档案

口径 6.1 厘米

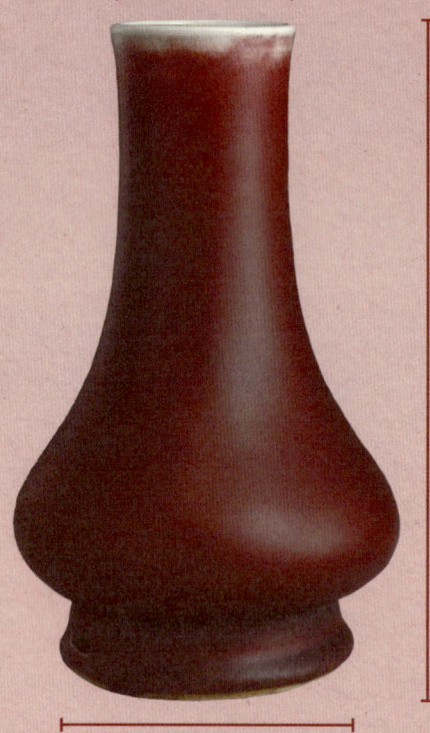

高 20.8 厘米

足径 9.1 厘米

郎窑红釉穿带直口瓶

材质：瓷
所属年代：清代
窑口：郎窑
现藏于：故宫博物院

国宝小档案

郎窑红釉穿带直口瓶为故宫十大镇馆之宝之一。它长颈垂腹，通体施红釉，且有渐变之感，瓶口处有一圈白色胎体显露，至底部釉色最为浓重。瓶底处两侧还各留出了一个便于穿系的长方形小口，既便于提拿，又可固定使用器物，避免损坏。

郎窑红器的各种"俗称"

郎窑瓷器以红器闻名，釉色深艳猩红，如同刚刚凝固的牛血，所以也叫"牛血红"。"郎窑红"的器身并非全红，口沿上都如这件郎窑红釉穿带直口瓶一般，有一圈白胎围绕。那是高温烧造时釉汁下流所致，又因为状似灯草，俗称为"灯草边"。

至于郎窑红器的底部，则呈米汤似的米黄色或苹果般的绿色，于是又有了"米汤底"和"苹果绿底"的俗称。

这件郎窑红釉穿带直口瓶底上，还镌刻了乾隆皇帝的御制诗呢。

> 晕如雨后霁霞红，出火还加微炙工。
> 世上朱砂非所拟，西方宝石致难同。
> 插花应使花羞色，比只翻嗤画是空。
> 数典宣窑斯最古，谁知皇祜德尤崇。
> ——清·乾隆《咏宣窑宝红瓶》

"最红"督陶官

郎窑，是清代督陶官郎廷极所监景德镇官窑及其所督造瓷器的代称。

郎廷极出身世家，极有艺术天赋，精通诗词书画，还酷爱收藏鉴赏。他为官之余搞起副业来也不含糊，自建窑口烧造瓷器，颇得康熙皇帝的青睐，还兼得了景德镇督瓷官之职。

大清督陶官们

清代陶瓷史上共出过4位知名的督陶官，除郎廷极外，还有臧应选、年希尧与唐英。

臧应选是康熙初期官窑生产复苏时的督陶官，号称"开窑先锋"，所烧制瓷器以单色釉为主。那时的官窑及臧应选所督造的瓷器被称为"臧窑"。

同理，年希尧督办时期的官窑及烧造瓷器，世称"年窑"。年希尧在作为督陶官期间，运用多种新技术，最终成功自炼珐琅彩料。

> 年希尧还是赫赫有名的清朝大将年羹尧的哥哥哦！

到了唐英督办时，"唐窑"所烧造的瓷器已集清朝工艺之大成，在仿古和创新上都有了极大的突破。他还著有《陶成纪事》《陶冶图说》《陶人心语》等书。

瓷器的那一抹红

红色，自古以来就深受人们偏爱，它代表着吉祥、热情与祥和，甚至被视为中华文化的底色，有"中国红"之说。

那么瓷器中的那一抹"中国红"，你又认识几种呢？

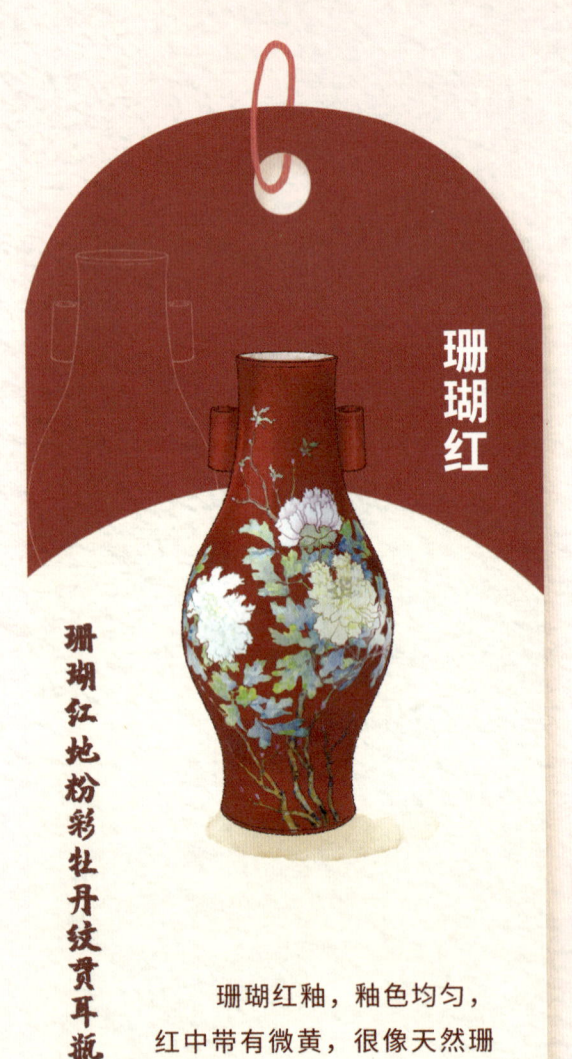

珊瑚红

珊瑚红地粉彩牡丹纹贯耳瓶

珊瑚红釉，釉色均匀，红中带有微黄，很像天然珊瑚的颜色。

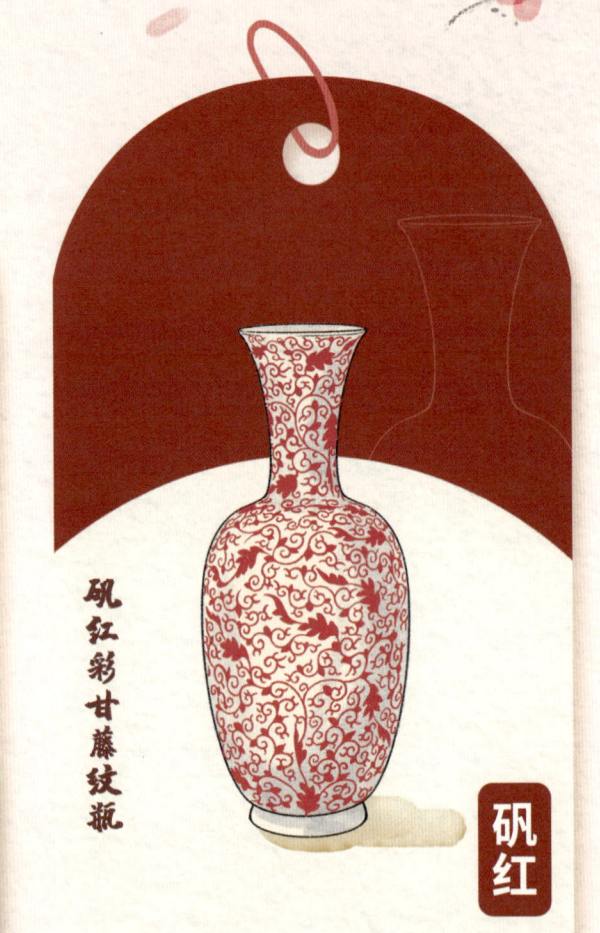

霁红

霁红釉梅瓶

霁红，也称"祭红"，釉色色泽深沉，烧制难度大，康熙时期所烧制的瓷器往往红中泛黑。

矾红

矾红彩甘藤纹瓶

矾（fán）红的色泽类似橙红，呈色稳定，可取代铜为着色剂，因此在清代被大量使用。

钧红

钧窑玫瑰紫釉仰钟式花盆

钧红瓷器并不显纯红，因其往往红中带紫，又称"玫瑰紫釉""海棠红釉"。

豇豆红

豇豆红釉洗

创烧于清康熙时期的名贵的高温铜红釉，因其呈现出近似豇豆的暗红颜色而得名。

釉里红

釉里红云龙纹钵缸

"釉里红"瓷器常为白地红花，颜色鲜亮。因以铜为着色剂进行彩绘，在高温还原焰中变成了红色，所以名叫"釉里红"。

胭脂红

胭脂红釉盏

因色若胭脂而得名的胭脂红，施釉较薄，色调鲜艳。

充满"仪式感"的杯子
清乾隆金瓯永固杯

国宝档案

口径 8 厘米

高 12.5 厘米

清乾隆金瓯永固杯

材质：金
所属年代：清代
现藏于：故宫博物院

国宝小档案

这只鼎式金杯，又名"金瓯（ōu）永固杯"。其"颜值"出众，通体璀璨，珠光宝气，所镶嵌的大、小珍珠，红、蓝宝石等都是珍贵材料。它是由乾隆皇帝亲自督办设计下令打造的，杯身还錾有四字篆书"金瓯永固"与"乾隆年制"的落款。

小杯身，大寓意

"金瓯"就是金制的小盒子。因其珍贵又坚固，常被古人用于比喻国土完整。

因此，乾隆皇帝对金瓯永固杯的制作相当上心，毕竟小小的杯身，承托的却是"江山永固"的分量。

杯身外壁满錾寓意着吉祥的"宝相花"图样，花蕊以珍珠及红、蓝宝石为主。

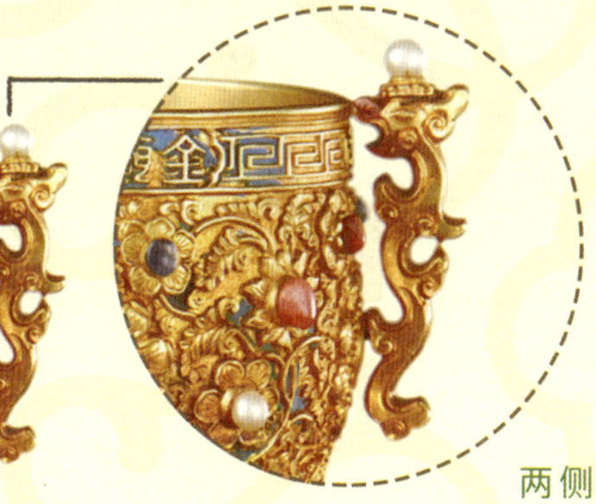

两侧杯耳是威武的夔龙形象，龙头上有珠，既显威严又暗含彩头。

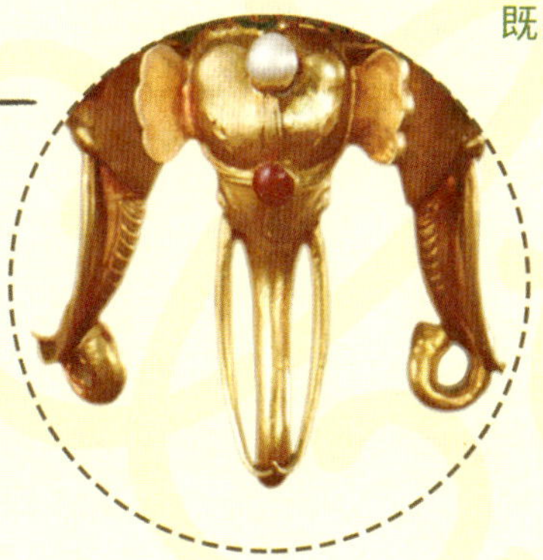

大象在古代象征着太平、吉祥。这只杯子的三足就制作成了象首的模样，象耳小巧玲珑，象鼻与象牙长卷，合力支撑杯身，设计得十分巧妙。

一年只用一次的"仪式感"

你见过一年只用一次的杯子吗？紫禁城中做工精美的酒器虽多，金瓯永固杯的地位却相当特殊。它并非普通的酒杯，而是清朝皇帝举行"开笔"仪式时的重要礼器。

"开笔"仪式，又称为"明窗开笔"，由雍正皇帝创立。每年元旦，也就是除夕夜的子时一到，皇帝就要穿上庄严的龙袍，来到养心殿东暖阁，亲手点燃紫檀长几上的"玉烛长调"烛台，再把屠苏酒倒入金瓯永固杯中，提起万年青笔，写下些祈愿国家安定、社稷永固之类的吉祥话。

有趣的是，乾隆皇帝在"开笔"仪式上写开笔吉语，都会用专门的黄匣子封存起来，并用朱笔特别标注"不应开看"，也就是不准其他人看他许的愿。

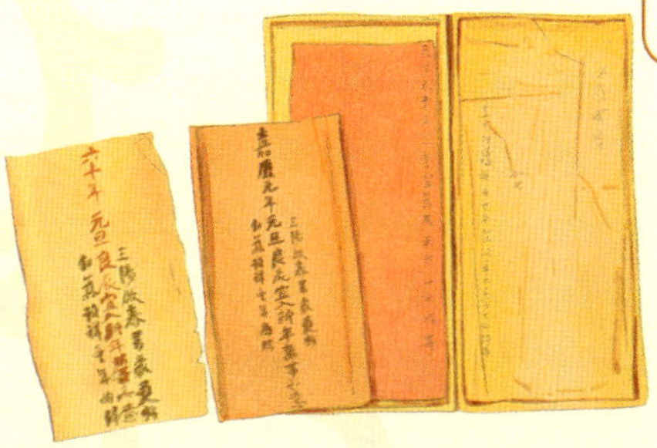

家国安定。

我背过这首诗，"爆竹声中一岁除，春风送暖入屠苏"。

屠苏酒是皇帝御用的酒吗？

屠苏酒，又称"岁酒"。古人认为，过年饮屠苏酒能驱邪祛病、健康长寿，普通百姓也会喝。王安石的《元日》就写到了这一习俗。

哈哈，原来乾隆皇帝也相信"愿望说出来就不灵了"的说法呀！

新年到，家家户户都在喜庆的忙碌中度过。那么，除了"明窗开笔"外，
紫禁城里的乾隆皇帝过年都会做些什么呢？

紫禁城里过个年

加班写"福"

自康熙皇帝之后，就有了每年御笔书福，赐予大臣的新年传统。

> 第一个写好的要挂在乾清宫正殿，其他的要留在除夕前赐给爱卿们。

画张年画

过年少不了年画，乾隆有亲绘岁朝图的习惯。

这幅《岁朝图》是乾隆所绘，图上有瓶、竹、灵芝等，都是吉祥之物。

准备"红包"

除了御笔亲赐的"福"字外，乾隆皇帝还会向宗亲、大臣等赠送礼物，称为"馈岁"。刺绣精美、寓意吉祥的荷包里装着金银钱币、各色玉石、文玩等珍贵之物，谁拿到这样的"红包"会不开心呢？

各种"吃席"

逢年过节聚餐的传统,在紫禁城里也适用。在年节期间,皇帝的除夕家宴少不了,还得赐宴群臣。席间菜肴虽然丰盛,但还得讲究繁文缛节,多半是吃不香的。

> 谁懂啊,吃饭的时候动不动就要叩头行礼是真的会消化不良啊!

新年"茶话会"

清朝皇帝还会选个正月里的吉日举行茶宴。君臣一起品茶作赋,别有情致。

茶宴上喝的茶被称为"三清茶",以雪烹煮,又加入了松实、梅英、佛手。乾隆还为此写过一首诗名为《三清茶》的诗,印在定制的三清茶的盖、碗上。

矾红彩题诗松竹佛手纹盖碗

图书在版编目（CIP）数据

故宫博物院 / 程琳著；布谷童书绘. -- 太原 : 三晋出版社, 2024. 2. -- (博物馆里的中国). -- ISBN 978-7-5457-2993-1

Ⅰ．K87-49

中国国家版本馆CIP数据核字第202419264C号

故宫博物院

著　　　者：	程琳
绘　　　者：	布谷童书
责任编辑：	张丹华
特约编辑：	张靖爽

出 版 者：	山西出版传媒集团·三晋出版社
地　　　址：	太原市建设南路 21 号
电　　　话：	0351-4956036（总编室）
	0351-4922203（印制部）
网　　　址：	http://www.sjcbs.cn

经 销 者：	新华书店
承 印 者：	雅迪云印（天津）科技有限公司

开　　　本：	787mm×1092mm　1/12
印　　　张：	5.5
字　　　数：	55 千字
版　　　次：	2024 年 2 月第 1 版
印　　　次：	2025 年 1 月第 1 次印刷
书　　　号：	ISBN　978-7-5457-2993-1
定　　　价：	48.00 元

如有印装质量问题，请与本社发行部联系　电话：0351-4922268